© 2016 Petra Möller, 19053 Schwerin

Lektorat, Korrektorat: Gabi Schmid · PCS BOOKS, www.pcs-books.de

Cover- und Innengestaltung: Corina Witte-Pflanz, www.ooografik.de

Autorenfoto: Christoph Müller, www.christophmueller.info

Druck und Verlagsdienstleister: www.tredition.de

Printed in Germany

1. Auflage

ISBN Taschenbuch: 978-3-7345-5287-8

ISBN Hardcover: 978-3-7345-5875-7

Bibliografische Information der Deutschen Nationalbibliothek:
Die Deutsche Nationalbibliothek verzeichnet diese Publikation
in der Deutschen Nationalbibliografie; detaillierte bibliografische Daten sind
im Internet über http://dnb.d-nb.de abrufbar.

Petra Möller

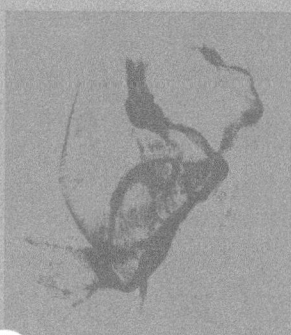

Phönixtränen

Gedichte zum Erwachen

Inhalt

Prolog „Die alte Seele" **07 – 09**

Zwischenräume **10 – 11**

Im Eispalast - Lied an meine Seele - **12 – 13**

Eins und eins **14 – 15**

Abschied **16 – 16**

Wortloses Sterben **17 – 17**

Ist es Liebe **18 – 19**

Hoffnung **20 – 21**

Wachstum **22 – 23**

Einzigartig **24 – 27**

Die Welle **28 – 29**

Für mich **30 – 31**

Teuflisch **32 – 32**

Gleichnis **33 – 33**

Flüchtig **34 – 34**

Geh' jetzt **35 – 35**

Lebendigkeit **36 – 36**

Endzeit **37 – 37**

Träume **38 – 39**

Übergang **40 – 41**

Dämmerung **42 – 42**

Phönix - Die Träne - **43 – 43**

Der Beginn **44 – 45**

Morgen **46 – 47**

Dieser Weg **48 – 51**

Raum-Traum **52 – 53**

Und jetzt brennen heiße Tränen **54 – 55**

– Mein Lied an die Kundalini-

Wenn die Schlange erwacht **56 – 57**

In Liebe **58 – 58**

Sehnsucht **59 – 59**

Augen aus Licht **60 – 61**

Phönix – Lied an die Sonne- **62 – 63**

Phönix' Worte an Dich **64 – 65**

Die Autorin **66 – 67**

Die alte
Seele

Die alte Seele

Wenn die alte Seele den Weckruf hört, ist nichts mehr wie zuvor. In den Wimpern ihrer klaren Kinderaugen hängt noch ein wenig Schlaf aus den Äonen von Zeitaltern, die sie in ihrem tiefen Traum durchwanderte. Wenn die alte Seele den Weckruf hört, inmitten der zeitlosen Stille ihres vibrierenden Herzens, dann wird sie ihm schon bald begegnen. Dem Wesen, dessen Feder bereits in ihrem Haar weht, als Zeichen seiner Wiederkehr.

Sie, die mit Feuer getauft wurde, hörte sein Lied bereits, bevor sie sich an ihn erinnern kann. Sein Lied ruft sie auf, sich zu entscheiden. Ist sie bereit, wirklich alles, was sie nicht ist, sterben zu lassen, um letztendlich nur noch die Wahrheit zu sein? Denn erst dann öffnet sich der unumkehrbare Pfad der Schlange. Der Pfad, der gewunden und voller Geheimnisse vor ihr liegt. Wenn die alte Seele ihn betritt, weiß sie bereits, dass sie nichts weiß. Sie hofft und vertraut, sie hadert und weint. Und mitten in ihrem Herzen singt der Phönix sein Lied. Doch er zeigt sich noch nicht. Er, der ihre Sehnsucht so zum Brennen bringt, dass sie durch nichts mehr zu löschen ist. Nicht einmal die Wasser aller Meere könnten diese Sehnsucht je wieder löschen, denn die Flammen tanzen rotgolden auf den Wellen. Ihr Phönix, der den Pfad schon vor ihr beschritt, er singt nun lockend und voller Liebe in ihr Herz, er singt das Lied der Unsterblichkeit, das Lied der Heimat aller Herzen. Wenn die alte Seele vor Sehnsucht nicht mehr schlafen kann, wenn nichts anderes mehr von Bedeutung ist, als dem Gesang zu folgen, dann beginnt ihre letzte Reise im Traum der Welt.

Durch das Tor der Dunkelheit betritt sie den Pfad der Schlange, ohne jede Gewissheit darüber, was sie erwartet. Weit und undurchdringlich liegt die Dunkelheit vor ihr, kein Ende ist in

Sicht. Nur das Lied des Phönix lässt ein kleines Licht aus ihrem Herzen scheinen, das die Dunkelheit durchbricht. Gepflastert mit den spitzen Steinsplittern der Angst, führt der Pfad sie durch tiefe Sümpfe aus modernden Zweifeln. Überall lauern Dämonen und Schattenwesen, die versuchen, das kleine Licht im Herzen der alten Seele zu löschen. Und während sie um das Licht kämpft, fragt sie sich: „Singt der Phönix noch? Werde ich ihm jemals begegnen?" Die alte Seele weiß nichts mehr, sie kann nur immer wieder tief in ihrem Inneren sterben, immer wieder alles loslassen. Wenn die falschen Hüllen abgestreift sind, wenn das Vertrauen hinausgewachsen ist über Angst, Trennung und Tod, erst dann verbindet sie ihre blutenden Füße und geht zügig weiter, immer weiter, bis der Pfad sie hinausführt aus der Dunkelheit. Denn inzwischen hat die alte Seele gelernt, die Dämonen der Dunkelheit genauso zu lieben, wie das kleine Licht in ihrem Herzen. Deshalb darf sie nun die Dunkelheit verlassen, da sie erkannt hat, dass deren Essenz aus dem gleichen Licht erschaffen wurde, wie das aus ihrem eigenen Herzen. Es scheint nur dunkler.

Wenn die alte Seele jetzt die Dunkelheit verlässt, dann schmerzt und blendet das plötzliche Sonnenlicht. Auch der vom Wind aufgewirbelte Wüstensand brennt in ihren, ans Dunkle gewöhnten Augen. Aber sie geht weiter. Die Sonne verbrennt nicht nur ihre Haut, sondern alles, was sie bisher glaubte, zu sein. Jedoch am meisten brennt ihr Herz, es schreit vor Durst und Sehnsucht. Der Pfad der Schlange scheint nie enden zu wollen. Verzweifelt ruft sie um Hilfe, bittet um Gnade für ihr brennendes Herz und um ein wenig Wasser, das ihren unsäglichen Durst lindern könnte. Gaukelnde Bilder im Wüstensand, Illusionen und der grelle Abglanz einer nicht existierenden Welt verwirren ihre Sinne.

Wenn die alte Seele bereit ist, all diese Trugbilder zu entlarven und in ihrem schreienden, schmerzenden Herzen verbrennen zu lassen, so wird darauf die Stille des nahenden Todes einkehren und die Welt wird für einen winzigen Moment den Atem anhalten. Es ist die Stille in der Pause zwischen Einatmen und Ausatmen, zwischen vergänglicher Zeit und Ewigkeit. Genau dann erscheint er. Phönix, ihr ewiger Gefährte, dessen Liebe sie so viel ertragen ließ, dessen Lied sie in der Dunkelheit am Leben hielt und führte. Ein Lied, das die Schlange tanzen ließ und deren Pfad auf diese Weise erst begehbar machte. In Bewegung gekommen, durch eine vibrierende Melodie.

Am Ende der Wüste wartet er, Phönix, an einer sprudelnden Quelle voller Lebendigkeit und genau wissend, dass sie kommen wird. Mit Quellwasser benetzt er seine weichen, warmen Federn, um ihre blutenden Wunden und den Schmutz der Reise von ihrem Körper zu waschen.

Ihr Anblick berührt sein Herz mit großem Mitgefühl, denn er weiß um ihren Weg, ist er ihn doch selbst einst gegangen. Eine Träne fällt aus seinen leuchtenden Augen direkt in ihr Herz. In dieser glitzernden Träne schwingt die Liebe des gesamten Universums und macht sie endgültig heil.

Die alte Seele ist angekommen. Eins geworden mit dem Gefährten wird sie nun selbst zum Phönix. Rot und golden schimmernd wachsen ihre Flügel in der Sonne und geduldig wartend sitzt sie still an der Quelle.

Hörst du das Lied des Phönix in deinem Herzen? Dann ist es Zeit, Abschied zu nehmen. Mache dich auf den Weg, du alte Seele!

Mache dich auf den Weg!

Zwischenräume

Noten ... schöne Melodien,
in Stille-Zeilen klinge ich.
Selbst das Papier ist nur geliehen,
Vergänglichkeit berührt nicht mich.

Wolken, die vom Wind getrieben,
in Zwischenräumen träume ich.
Die Hektik ist mir fremd geblieben,
Rastlosigkeit berührt nicht mich.

Ein Liebesbrief, von Hand geschrieben,
zwischen den Zeilen spreche ich.
Und während zwei auf Zeit sich lieben,
berührt die Endlichkeit nicht mich.

Räume angefüllt mit Leben,
dazwischen unsichtbar bin ich.
Menschen, die nach Sinn wohl streben,
die Suche, sie berührt nicht mich.

Ohne Kompass, still und leer,
treibe ich leis' dahin.
Eins geworden mit dem Meer,
endlich ohne Sinn.

Das alte Ufer wie ein Traum,
das Neue Ahnung bloß.
Sicherheit im fernen Raum,
war wohl nicht mein Los.

Zwischenräume, sie sind leise,
in ihnen wohne ich.
Beendest du einst deine Reise,
dann wart' ich hier auf dich!

Im Eispalast
— Lied an meine Seele —

Taub liege ich im Eispalast,
kalt funkeln Diamanten,
sie lockt nicht mehr, die kalte Pracht,
ein Kerker nur aus Eis und Macht.
Die große Angst vorm Leben
vereiste meine Tränen.
Und so erfror ich immer mehr,
warm nur das Herz, vor Sehnsucht schwer.

Wo bist du, hol' mich doch hier raus,
mit deinem warmen Herzen.
Erst dann zerbricht der Eispalast,
befreist du meine Schmerzen.
Und schmelzen meine Tränen,
ganz sanft und ohne Hast,
wird leise der Moment erblüh'n,
der endlich zu mir passt,
der keine Zeit mehr kennt,
der mich nie wieder von dir trennt,
... nie wieder von dir trennt.

Hilflos lieg' ich nun im Leben,
neu geboren, nackter Schmerz,
was mach ich hier, was ist der Sinn,
wo führt der Weg letztendlich hin?
Fremd geword'nes kaltes Leben
schürte meine Angst.
Und ich spüre immer mehr,
mein Herz, es wünscht dich zu mir her.

Wo bist du, hol' mich doch hier raus,
mit deinem warmen Herzen.
Erst dann zerbricht der Eispalast,
befreist du meine Schmerzen.
Und schmelzen meine Tränen,
ganz sanft und ohne Hast,
wird leise der Moment erblüh'n,
der endlich zu mir passt,
der keine Zeit mehr kennt,
der mich nie wieder von mir trennt,

... von meiner Seele trennt.

Eins
und
eins

Eins und eins

Eins und eins macht zwei?
Wessen Wahrheit ist das?
Die Wahrheit der Dualität.
Bis die Dualität nicht vollständig integriert ist,
in ihren Licht- und Schattenanteilen,
solange ergibt eins und eins zwei.
Wenn dein Sein all dieses aufgesogen hat,
bis in die tiefsten Ecken des Lebens,
entsteht ein Ergebnis der höheren Wahrheit.
Doch vorher zeigt die Trennung, die Zwei,
ihr nacktes Engel-Dämonen-Gesicht.
Dichte, Schwere, Grobheit treffen auf Licht,
Leichtigkeit und Feinheit.
Wenn sie sich kraftvoll vereinen im Strudel ...
im Sog des Lebens,
wenn das Licht die Dunkelheit verschmelzend küsst,
dann wird die Ganzheit sichtbar.
Unverwundbar, glanzvoll, prächtig,
ergibt eins und eins die EINS.

Abschied

Zu eng geworden ist die Welt,
so laut, ihr Ton zu schrill.
Flüchtend all das, was mich hier hält,
in mir alles still.

Nur die Angst lärmt laut ihr Lied,
sie lähmt und scheucht die Stille fort.
Ich weiß nicht mehr, wie mir geschieht,
der Körper hier, die Seele dort.

Abschied ist die Melodie,
von Liebe, unerwidert zwar,
und dennoch schön wie vorher nie,
der Schmerz zeigt es ganz klar.

So geh' ich weiter nun alleine,
verlasse Welt und Schmerz,
und während ich es noch beweine,
schlägt vorwärts laut mein Herz.

Wortloses Sterben

Wenn nichts mehr da ist außer Stille,
außer tiefer Traurigkeit.
Zeit des Abschieds, Zeit des Loslassens.
Wenn ein Mensch geht und du schaust zu,
von außen, hilflos und ohnmächtig.
Wenn du spürst, wie der andere sich langsam
und doch mit viel Tiefe aus dieser Welt zurückzieht,
während du zurückbleibst im scheinbar Vertrauten.
Wohin geht es? Macht es Angst? Macht es Hoffnung?
Es gibt kein Wissen, höchstens Glauben,
und auch der wird oft zur Illusion.
Worte fehlen, doch du vermisst sie nicht.
Das Wortlose ist in diesem Moment das einzig Reale.
Das Nichts, das unendlich Unfassbare.
Abschied im Wortlosen ...
Nichts was mal war, ist noch wichtig,
es löst sich auf im Licht.
Das Licht wird wie ein Sog und zieht dich fast mit.
Aber es ist nicht für dich ... noch nicht.
Du fühlst deine eigene Sehnsucht, während der andere geht.
Was bleibt ist Traurigkeit.
Tränen, Angst und Schmerz.
Ja, es tut weh, du kannst es nicht beschönigen.
Dieser Schmerz bringt dich zu dir,
lässt dich Eins werden mit dem Sterben,
lässt dich Eins werden mit dem Leben.
Worte finden sich wieder in der Wortlosigkeit.

Ist es Liebe

Ist es Liebe
einen Blinden sehend zu machen?
Ist es Liebe
einen Lahmen zum Laufen zu bewegen?
Ist es Liebe
einem Ängstlichen Mut zuzusprechen?
Ist es Liebe
einem Sterbenden das Leben zu versüßen?
Vielleicht ist es ja Liebe
einen Menschen in den Arm zu nehmen,
ihn genauso anzunehmen wie er ist?
Blind,
lahm,
ängstlich,
sterbend.
Was braucht es, das auszuhalten?

L
I
E
B
E

Hoffnung

Die größte Illusion ist nicht die Angst,
sondern die Hoffnung.
Weil sie es ist, die dich am schnellsten
aus dem Moment reißt.
So, wie es jetzt ist, ist es nicht gut genug.
Hoffnung auf Glück, Weltfrieden, die große Liebe ...
nichts als Illusionen,
Traumwelten, Luftblasen ...
die Fata Morgana der Dualität.
Hoffnung bezieht sich nie aufs Jetzt,
nur aufs Morgen.
Morgen ist eine Einbildung,
noch teuflischer als das Gestern.
Der Moment kennt weder Hoffnung noch Angst,
der Moment braucht das alles nicht,
denn er ist die Perfektion des Lebens.

Wachstum

Wachstum

Aus dem Schoß, der dich genährt,
brichst du nun aus und gehst.
So lange hast du dich gewehrt,
bis heute du verstehst:
Das Nähren ist so wie das Suchen,
das sinnlos dich durchs Leben treibt,
längst ist verbraucht der Mutterkuchen,
du selbst bist alles, was dir bleibt.
Und tief in dir, da bricht er auf,
der Same, vor der Zeit gelegt.
In deinem Licht strebt er hinauf,
was tief dein Herz bewegt.
Und alles in dir tanzt und singt,
will feiern die Geburt.
Weil endlich nur dein Lied erklingt,
weil nun dein echtes Leben winkt!

Im Wachsen liegt des Lebens Sinn,
im Rhythmus der Gezeiten.
Und diesen Weg von hier dorthin,
kann nur dein Herz beschreiten.

Einzigartig

In deinen Augen
gespiegelte Göttlichkeit,
der einen großen Unendlichkeit,
wo alles Eins und verbunden ist.
Ja! Und doch ist da so vieles mehr.
Ich sehe das, was das Göttliche in Form
lebendig werden ließ.
DU bist es,
so wie das Spiel dieser Welt dich erschuf.
Einzigartig und damit einmalig
in deiner Art hier und jetzt zu Sein.
Wie könnte ich dich da nicht als etwas Besonderes sehen?
Wie sollte ich glauben, du wärest austauschbar?
Es ist doch der Sinn der Verkörperung.
Dich so zu sehen, dich so anzunehmen,
ES zu benennen in dir,
das einmalig Besondere zu erfühlen,
in der Intimität zweier Herzen.
Kannst du mein Annehmen,
mein Erkennen deiner Einzigartigkeit aushalten?
Kannst du ES annehmen?

Wir spiegeln uns das Göttliche,
um es zu erkennen auf allen Ebenen.
Unzählig viele Menschen gibt es,
in denen dies alles leuchtet.
Und dennoch schenkte ES uns
die Fähigkeit der Unterscheidung,
den Zauber des Magnetismus.
Sieh' es an und bitte, werte das nicht ab.
Was ist es doch für ein Geschenk!
Aus Milliarden von leuchtenden Seelen

einen Diamanten zu finden,
der dir jetzt das Göttliche schenkt,
in einer Intensität, die dich schwindelig macht.
Wehrst du das ab? Und wenn, warum?
Ist es die Angst, etwas zu verpassen?
Oder ist es die Angst, dich einzulassen?
Ohne Netz und doppelten Boden,
ohne jeglichen Schutz?
Dafür mit allen Gefühlen,
die dem Menschsein geschenkt wurden.
Fürchtest du sie, die Gefühle?
Sind sie Gefahr?

Loslassen, das hast du gelernt.
Und was ist mit Einlassen?
Wie tief wird es gehen?
Hast du Angst, dich zu verlieren im Einlassen?
Schiebst du lieber den Schutz in Worten
vor eine lebendige Erfahrung?
Wehrst du ab,
begründet mit dem großen Wunsch nach Freiheit?
Einlassen schließt Freiheit niemals aus!
Einlassen ist das große einladende Tor
zu einer wirklichen Liebeserfahrung.
Und damit Gotteserfahrung!
In all der Tiefe, die im Menschsein möglich ist.
Und in diesem Menschsein
macht das Göttliche sich sichtbar.
In allen Facetten
und in der einen Spiegelung des Besonderen.
Sich Einlassen ist der Einlasser zur wahren Liebe,
in der alles fließt was du bist,
was der andere ist,
was hinter dem Schleier Eins ist.

Hier und jetzt eine Potenzierung von Göttlichkeit,
kein Verlieren seiner selbst.

Bewusstheit ist der Schlüssel der Unterscheidung.
Traust du dich, ES auszusprechen?
Ja, ich möchte dich sehen.
Es wagen!
Dich und mich in dir erkennen.
Und lieben!
Einfach so, weil du es BIST.
Weil ich es BIN.
In der Schönheit deiner Einzigartigkeit
erkenne ich auch die meine.
Ob sie verschmelzen dürfen zu etwas Neuem?
Einzigartigkeit plus Einzigartigkeit
ergibt ... Einzigartigkeit.
Ich sehe ES in uns leuchten, so schön,
viel heller denn je,
ohne dass etwas verloren gegangen wäre.

Die Welle

Lichtdurchbrochen,
rauschend klar,
so baut sie stark sich auf,
gläsern schäumend
hoch hinaus,
nimmt sie den Tod in Kauf.
Abwärts schnellend,
krachend laut,
liegt voller Schmerz sie brach,
vereint sich mit dem Widerstand
und fließt zurück, gibt nach.
Um eins zu werden mit dem Meer,
lässt sie die Kraft zurück,
wird sanft, ergeben wie ein Kind,
setzt sich nicht mehr zur Wehr.
Grad berstend noch
und schaumgekrönt,
im Klang so rau und wild,
nun glänzend-glatt im Sonnenlicht,
der Stille Spiegelbild.

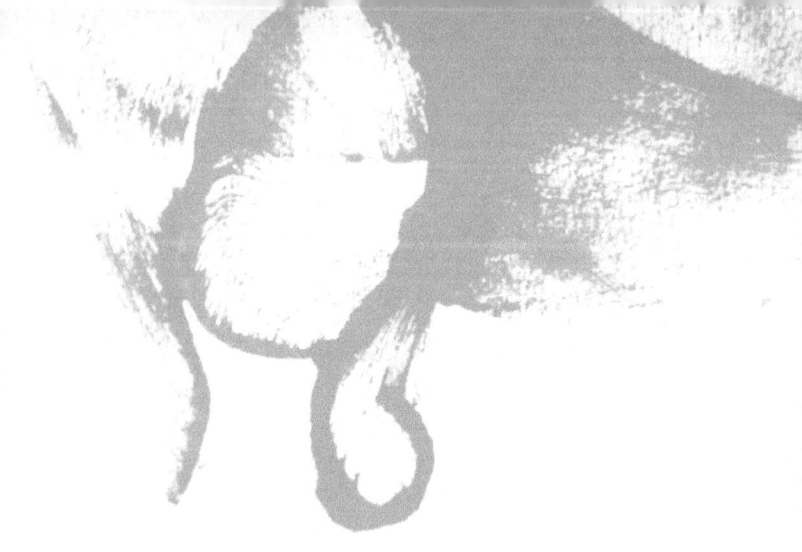

Für mich

Ausgegrenzt, verlassen, unsichtbar?
Langsam wird der Spiegel wieder klar.
Hinter Kälte das Herz noch warm pulsiert,
ruft um Hilfe, dass es nicht erfriert.
Spiegel zeig' die Wahrheit und das Licht,
zeig' mir ungeschminkt nur mein Gesicht.

Meine Hand zieht die Furchen durch das Feld,
aufgewühlt, nicht wissend, was es hält.
Fremde Macht sät und erntet Tag und Nacht,
ich hab nie darüber nachgedacht.

Und mein Herz ist die Sonne, hell und heiß,
meine Tränen der Regen, der nichts weiß.
Doch ab jetzt, so gewaltig und auch sacht,
ja, ab jetzt, da geb' ich auf mich acht.

Niemals mehr ohne Wissen und Geduld,
niemals mehr geb' ich einem anderen Schuld.
Meinen Weg, den geh' ich ganz allein,
niemals mehr fühl ich mich machtlos oder klein.
Spiegel zeig' die Wahrheit und das Licht,
ja, das ist mein einziges Gesicht.

Meine Hand zieht die Furchen durch das Feld,
ganz genau seh' ich, was ist dort bestellt.
Eigenmacht sät und erntet Tag und Nacht,
ich hab gut darüber nachgedacht.
Und mein Herz ist die Sonne hell und heiß,
meine Tränen der Regen, der wohl weiß.
Denn im Jetzt, so gewaltig und auch sacht,
ja, im Jetzt, da geb ich auf mich acht.

Und der Himmel, er spannt sich um die Welt,
irgendwo regiert dort Macht und Geld.
Aber in mir ist nur Frieden und ich weiß
ganz genau, wer ich bin und wie ich heiß'.

Teuflisch

Teuflisch sind Schuldgefühle,
Märtyrergedanken und Opfertum.
Teuflisch sind Verstrickungen,
Eifersucht und Neid.
Teuflisch sind Intrigen,
Hass und Gewalt.
Was würde geschehen,
wenn es all das nicht mehr gäbe?
Frieden? Harmonie? Glückseligkeit?
Vielleicht.
Aber auch die Aufhebung der Polarität,
der Erfahrungen, der Erkenntnisse.
Licht misst sich an Dunkelheit,
Liebe drückt sich in allem aus.
Am Teuflischen kannst du zerbrechen oder wachsen,
wachsen über dich hinaus,
wachsen in eine wunderbare Persönlichkeit:
Authentisch, gereift, erfahren.
Das Teuflische zeigt dir den Weg,
den Weg des Erkennens von ewiger Liebe,
deinem nie verlassenen Ursprung.
Das Teuflische lehrt dich erst kämpfen,
dann annehmen, dann lieben.
Im Erkennen und Akzeptieren des Teuflischen,
bleibt nur Liebe, einzig Liebe,
nichts anderes gibt es mehr!

Gleichnis

Vom Meer zur Quelle und zurück
fließt aller Leben Lauf,
im Kreislauf der Natur Gesetz,
die Seele strebt hinauf.
Doch dann genug in diesem Kreis,
so müde voller Glanz,
nach Hause nur ohne Zurück,
raus aus der Welten Tanz.
Verschmelzend dort im Ursprung sein,
getragen, körperlos.
Kennst du die Sehnsucht, so vertraut?
Im Leben war sie groß.

Flüchtig

Nebelschwaden zieht die Zeit,
im Nichts ist sie verhüllt.
Und was einst wahr, fliegt schnell dahin,
sucht flüchtig in der Sehnsucht Leid.

Umhergetrieben, flüchtig flieht
die Zeit und wir mit ihr.
Das Rad des Schicksals dreht es fort,
das, was uns wirklich sieht.

Flücht'ger Blick auf das, was bleibt,
lässt's Finden sterbend steh'n.
Sucht weiter im Verleugnungsschein,
wenn Zeit den Tod umschreibt.

Flüchtig vor der Endlichkeit,
ist jeder Abschied Schmerz.
Sind angekommen wir wohl erst,
wenn stille steht die Zeit?

Seh'n wir dann klar, mit tiefem Weh,
wie flüchtig wir einst floh'n?
Verweht die Zeit still den Moment,
bleibt keine Spur im Schnee.

Geh' jetzt

Geh' jetzt,
es gibt keinen Grund zu bleiben.
Mir tut es nicht mehr weh.
Projektionen prallen ab
an der Spiegelwand der Neutralität.
Sie haften nicht mehr an mir,
sie prallen einfach ab,
um in der Reflektion zurückzukehren,
zu dir, zu ihrem Ursprung.
Nimm' sie mit, wenn du gehst.
Und schließe leise die Tür.

Lebendigkeit

Wo bist du hin, mein Leben?
Magst du dich meiner wohl erbarmen,
so neu, so leicht, wie am Beginn?
Ich wage nicht zu fordern, nur zu flehen,
zu groß die Angst, du sagtest Nein.
Müde bin ich, zwar geborgen,
in Mutter Erde's warmem Schoß,
doch drängt die Sehnsucht nach dem Leben,
mich in den Schmerz, so wild und groß.
In Wellen spült er mich nach oben,
damit ich seh' in dein Gesicht,
du buntes, farbenfrohes Leben,
dein Anblick, wie zerreißt er mich.
Als du einst aus mir gewichen,
da nahm ich es wohl kaum noch wahr,
zu tief war alles was geschah,
zu tief schleppte sich Jahr um Jahr.
Nun wünsche ich so sehnlichst mir,
die Tiefe auf dem Meeresgrund
neu zu bewohnen, neu durch dich,
mit Leben, Farben und Musik.
Ich lass' mich ein, wenn du mich lässt,
trotze der Angst und auch dem Schmerz,
um mit und in dir Atem neu zu spüren,
so angefüllt ist schon mein Herz.
Will sich in dir nun voll ergießen,
in deinem wilden, schönen Tanz,
auflösen, Einssein, voller Stärke.
Werd' ich nun endlich wieder ganz?

Endzeit

Einst ergoss sich aus der Quelle
ein Fluss, sein Streben ging zum Meer.
Und aufgefüllt mit Salz der Erde,
gab dies' so Vieles nicht mehr her.

Jetzt kam die Zeit zurückzufließen,
zur Quelle, dort wo es begann.
Nur hier ist Wahrheit, Kraft und Leben,
Erkenntnis, die erschaffen kann.

Fernab wohl im Palast der Tränen
sitzt leer die Königin auf einem Thron.
In ihrem eigenen Tränen-Reich
ist tränenlos sie wie zum Hohn.

Jedoch verlässt sie den Palast,
sieht sie die Welt der Wirklichkeit.
Und dieser Anblick schmerzt so tief,
ihr Tränenmeer ertränkt die Zeit.

Still ist es nun, verfloss'ne Ewigkeit,
und Tränen fanden ihren Sinn.
Die Dunkelheit fließt hin zum Licht,
was so ein Ende fand, führt zum Beginn.

Träume

Träume,
denn die Zeit verrinnt.
Und sichtbar werden will der Traum,
sichtbar, greifbar, aufgefüllt,
eine Form im Raum.
Hauch' ihm Leben ein und Fülle,
erschaffe ihn mit Emotion,
und dann verschenk' ihn mit viel Liebe,
leuchtende Augen sind dein Lohn.
Wer gerne und mit Freude teilt,
die Träume und sein ganzes Glück,
zu dem kommt leis' mit weißen Flügeln,
das Doppelte an Glück zurück.

Übergang

Sanft legt der Tag sich in die Nacht,
gebettet in die Sterne,
ein Engel still das Licht bewacht,
in deiner Herzlaterne.

Dein Licht, es ist so hell und klar,
zeigt sich auch Angst und Schmerz,
es macht die Träume endlich wahr,
erwärmt so manches Herz.

Eins wird die Nacht mit Tag und Licht,
im Morgenrot vereint,
den Traum vom Engel im Gesicht,
ist nichts mehr wie es scheint.

Wahrheit und Traum, als Netz gewebt,
sind Eins wie du und ich,
und all der Schmerz, den wir erlebt,
erlöst in Liebe sich.

Dämmerung

Dämmerung
zwischen Schlaf und Wachheit,
der Wachheit,
die um nichts in der Welt wieder schlafen könnte.
Gemeinsam verschwindet Altes
durch Bewusstheit.
Gemeinsam verschwindet die Welt der Illusion,
um in Wahrheit zu SEIN.
Alleinsein, das Tor zur Integration.
Dämmerung löst sich im Licht
immer wieder aufs Neue.
Im Wandel bleibt alles beständig,
im Jetzt liegt die Ewigkeit.

Phönix — Die Träne —

Du mein geliebter Freund,
voll Feuer sprühst du Glück,
erst aufgestiegen in die Sonne,
so kehrst du nun zu mir zurück.

Landest tief in meinem Wesen,
das immer noch so voller Schmerz
und deine diamant'ne Träne,
fällt direkt in mein wundes Herz.

Die Träne bricht sich tausendfach
Und wird zum roten See,
spiegelt die Feuer deiner Macht,
will heilen all das Weh.

Mein Herz, es kämpft noch gegenan,
Vergebung ist so schwer.
Während ich noch von Heilung träume,
da wird der Tränensee zum Meer.

Das Tränenmeer, es bricht den Damm,
der staute Schmerz und Wut.
Mein off'nes Herz ergibt sich sanft,
es ist jetzt voller Mut.

Geliebter Phönix, deine Träne,
sie träumte nie vom Meer,
war eins mit ihm und tief verbunden,
setzte sich nie zur Wehr.

Voll Dank berühr' ich dein Gefieder,
in mir ein neues, freies Land,
denn deine diamant'ne Träne,
erlöste allen Widerstand.

Der
Beginn

Der Beginn

Ein neues Feld,
unberührt, sanft, warm,
keine Spur von alten Schatten.
Nur Licht, selbst in der Reflektion.
Reinheit gießt sich in die Form.
Nur Licht, selbst in der Projektion.
Matrixgitter weiß und gold,
legen sanft sich auf das Feld.
Sonnen tanzen,
angehoben, glänzend, wirbelnd,
in mir, in dir,
in allem, was sich öffnet.

Morgen

Spürst du es auch?
Es ist schon da.
So neu, so unbekannt, so frei,
ganz zaghaft noch, nicht zu erklär'n.
Und doch so wahr ...
So leicht.

Schau, dort ist das vertraute Grau,
verloren fast und weich.
Ein Tränenmeer aus Mitgefühl,
war es doch dein Zuhaus',
um nun den Rücken ihm zu kehr'n,
leb' wohl du Grau, leb' wohl.

Die neue Melodie in dir,
sie ist so fremd und schön,
fließt in ein neues Farbenmeer,
in Gold und Purpur, ohne Grau.
Noch einmal geht dein Blick zurück,
ein letzter Schmerz, leb' wohl.

Die neue Tür lässt Licht herein,
durch einen kleinen Spalt.
Dahinter diese Melodie,
so fremd und doch vertraut.
Blätter rauschen, Blumen blüh'n,
im Frieden ihrer Zeit.

Und morgen schon,
vielleicht ganz früh,
da öffnest du die Tür,
weil hinterm Nebelschleier wohl,
aus Tau und Sonnenlicht gewebt,
das Neue lächelnd sich erhebt.

Dieser Weg

Dieser Weg

Der Weg des Erwachens fängt meist holprig an, Altes muss ge-
hen, vieles wird transformiert. Manchmal ist dieser Teil des We-
ges sehr lang, schmerzvoll und hart. Vielleicht reduziert sich die
Anzahl der Menschen um Dich herum, einige gehen ganz fort
und andere kommen dafür in dein Leben, die für diesen Abschnitt
Deine Mitstreiter werden. Aber was geschieht dann?

Wenn die Trümmer, Blockaden und Leichenfelder um dich her-
um weniger geworden sind, wenn es plötzlich keinen Sinn mehr
macht, noch mehr Wunden zu lecken, Muster zu lösen oder gar
noch narzisstischer um sich selbst und seine Befindlichkeiten zu
kreisen? Wenn vielleicht sogar dauerhaft tiefe Stille einzieht?
Empfindest du es dann als langweilig und suchst du dir neue He-
rausforderungen oder gar Verstrickungen draußen in der Welt?
Oder nimmst du sie an, diese Stille und siehst einen neuen Weg
vor dir erscheinen? Vielleicht triffst du auf einen Gefährten, der
besonders hell leuchtet, der einfach dasteht, lächelt und mit dem
Finger auf diesen Weg zeigt. Bereit, Dich ein Stück zu beglei-
ten. Und so offenbart sich der Weg: Nebulös, irgendwie leuch-
tend, sehr anziehend, aber auch leer. Es fühlt sich fast an, als
verschwände der Horizont. Ein unendlicher, einsamer und leerer
Weg? Möglich. Niemand weiß es genau.

Entscheidest du dich mit vollem Herzen und ohne zu zögern für
diesen Weg, dann gibt es kein Zurück mehr. Dann musst du alle
die, die den schweren Weg mit dir gegangen sind und ihn selbst
noch immer gehen, zurücklassen. Dann ist der Phönix in dir end-
gültig erwacht und er singt sein Lied so intensiv, dass ein Sog
entsteht. Eine tiefe Sehnsucht erfüllt dich, im Leben zu sterben
und dich dann ganz neu zu erheben, um in die Sonne zu fliegen.

Schau nicht zurück, wenn du diesen Weg wählst. Vergleiche dich nicht mehr mit denen, die kein Interesse für deinen Weg zeigen. Sie sehen ihn nicht so wie du. Erwache in dein volles Potential und gehe vorwärts. Liebe die, die du zurücklässt mit der ganzen Kraft deines Herzens und achte sie weiterhin. Aber geh'!

Der Berggipfel ist schon bald erreicht. Konzentriere dich, es ist gefährlich. Niemand kann dich mehr retten, denn in diese Höhen traut sich kaum jemand, aus Angst vor der Einsamkeit und der absoluten Eigenverantwortung.

Und dennoch bist du beschützter denn je. Weil du endlich vertraust! Bleib so, im Vertrauen und gleichzeitig hellwach, egal wie schmal und ungeschützt der Weg wird, welches Wetter auch tobt. Werde unabhängig von allem Äußeren.

Wenn du den Gipfel erreicht hast, setze dich nieder und warte. Dort ist nicht das Ziel, nein, auch das ist nur Illusion. Frieden und Grenzenlosigkeit erwarten dich genau dann, wenn du selbst zum Berg wirst, wenn du vollkommen Eins mit ihm geworden bist. Was sind dann noch die Ziele oder Wege? Nur noch eine Erinnerung ohne Realität, die verweht. Aber DU BIST!

Raum-Traum

In tiefe Grenzenlosigkeit
fliegt der Geist aus Raum und Zeit.
Nicht nur die Zeit, nein, auch der Raum,
war wohl ein kleiner Teil vom Traum.

Denn ist der Geist gepresst in Formen,
tönt der Verstand mit seinen Normen,
will Grenzen und auch Raum erschaffen,
es dürfen keine Lücken klaffen.

Erwacht der Geist bewusst und klar,
erkennt die Lücken er als wahr.
Kann sich bewegen in Form und Zeit,
weiß um den Traum der Weltlichkeit.

Bewusstheit weckt den Teil der träumt,
in Wahrheit hat er nichts versäumt.
Ist doch der Traum von Raum und Zeit,
ein Spiel in der Unendlichkeit.

Und jetzt brennen heiße Tränen
— Mein Lied an die Kundalini —

Wieder stehe ich in Flammen,
brenne alles kurz und klein.
Wird die Quelle mich verdammen?
Fühl' mich so verdammt allein.
Und in all den Höllenfeuern
wird der Teufel selbst verbrannt,
will mich nun aufs Meer anheuern,
wurde schon so oft verkannt.

Und jetzt brennen heiße Tränen
eine Spur in mein Gesicht,
all die Narben, die sich sehnen,
einen sich im Strom aus Licht.
Und sie tanzen, strudeln, singen immer wieder
Schicht um Schicht,
in dem gold'nen wunderbaren einzigartig schönen Licht.

Alles, alles will verbrennen,
manches neu und manches alt,
ich werd' um mein Leben rennen,
mache erst am Wasser halt.
Fremde Welten die uns trennen,
sind wir doch vom selben Stern,
ließen uns so oft verbrennen,
fühlten uns dem Leben fern.

Und jetzt brennen heiße Tränen
eine Spur in mein Gesicht,
all die Narben, die sich sehnen,
einen sich im Strom aus Licht.
Und sie tanzen, strudeln,
singen immer wieder Schicht um Schicht,
in dem gold'nen wunderbaren einzigartig schönen Licht.

Wenn die Tränen selbst verbrennen,
wenn mein Ich in Flammen steht,
könnt ihr mich nicht mehr benennen,
weil ihr mich dann nicht mehr seht.
Fremde Welten, die verbinden,
ganz egal, von welchem Stern,
kann ich alles überwinden,
ist das Nahe nicht mehr fern.

Wenn die Schlange erwacht

Aus der Göttlichkeit geflossen,
tief in den Kelch der einen großen Wahrheit,
seh' ich das Licht.
Kühlender Mond, erhitzende Sonne,
verschmelzend in der Kraft des Einen.
Kali erwacht und mit ihr die Schlange,
gewunden um das Seelenkleid.
Kraft, unendliche Kraft,
ergießt sich, spült in den Kelch,
alles, was sich wehrt,
alles, was dem Strom entgegensteht.
Die Schlange erwacht und mit ihr Kali,
berstend, krachend, eruptiv
fliegen Felsbrocken herab,
werden zu Staub in ihrer Kraft.
Transzendiertes, scheinbar leblos und krank,
heulend, stürmend, alles vernichtend.
Welch ein Weh!
In den Stürmen der Nacht,
der Zwischenwelt und kaum zu erkennen,
ein winziges Licht.
Kein Halten in diesem Strom,
gnadenloses Zerreißen und doch ...
ein winziges Licht.
Wenn es näher kommt, schau hin!
Kali verwandelt sich, die Schlange erwacht.
Und du mit ihr, schau in das Licht!
Mit einem Mal Stille ...
Die Schlange wird Gold, ein Strömen nur,
in der Stille des Einen,
verweht das Weh, Stille nur ...
Du bist erwacht! Sei!

Wenn
die Schlange
erwacht

In Liebe

Wärmer als die Wärme selbst,
heller als das Licht,
traumergeben, kindlich, reif,
aus der Weite Sicht.
Leuchtet von des Leuchtturms Spitze,
in die Brandung tief hinein,
taucht wohl in die tiefsten Tiefen,
braucht nichts, möchte einfach Sein.
Weit entfernt tönt der Verstand,
zweifelt, hadert, klagt,
ungehört, sein Krieg besiegt,
weil der Moment es wagt.
Feine Töne, süßes Lied,
überall zugleich,
die Symphonie des Schmetterlings,
alles warm und weich.
Geduld und Ungeduld zugleich,
es wartet und es eilt,
das Herz, das aus den Augen singt,
weil es in Liebe weilt.

Sehnsucht

Die Sehnsucht, tief im Sein zu sein,
löst in sich auf, was Trug und Schein.
Verwandelt deinen Blick auf Schmerz,
brennt unauslöschlich sich ins Herz.
Mit einer Kraft, die kaum zu fassen,
zwingt sanft dich, alles loszulassen.
Sie akzeptiert nur das, was wahr,
putzt jeden blinden Spiegel klar.
Ihr Weg, er führt vom Strom ins Meer,
reißt alles mit, wird wieder leer.
In ihrer Welle liegt der Wille,
jedoch im Grund herrscht tiefste Stille.
Vereint so jeden Gegensatz,
eröffnet ihren größten Schatz.
Und in der kleinsten Atempause,
erkennst du endlich dein Zuhause.
Die Sehnsucht hat die Angst besiegt,
sie hat sie einfach fortgeliebt.

Augen aus Licht

Sterne aller Himmel,
vereint zu einem Licht,
Ströme, Blitze, Explosionen,
Prismen brechen sich im Nichts,
nur noch Augen aus Licht.

Lenken sie nun die Gezeiten,
vereint auch mit des Mondes Licht,
am Meer ein Mensch will tief ertrinken,
vergehen in dem großen Nichts,
in den Augen aus Licht.

Im Traum aus dunkler Nacht,
wacht auf das Herz im Licht,
Wellen, Brandung, gold'ner Strand,
zeigen sich im hellen Nichts,
in den Augen aus Licht.

Universen, die sich spiegeln,
reflektieren so ihr Licht,
Sterne, Sonnen und Planeten,
und mitten in dem großen Nichts,
Augen aus Licht.

Lied an die Sonne

Phönix
— Lied an die Sonne —

Leb wohl, du mein geliebter Freund,
Und komm recht bald schon wieder,
heiß wird dein Flug, ich sehe noch,
dein gleißend rot Gefieder.

Die Sonne zieht mich magisch an,
ihr Licht und deins vereint.
Bei diesem Anblick hat mein Herz,
vor Sehnsucht leis' geweint.

So tief die Sehnsucht nach dem Licht,
das niemals ward getrennt.
Mit dir mein Phönix lass' ich zu,
dass es mich sanft verbrennt.

Und so wie du bin ich bereit,
tief in das Licht zu sehen.
Dann endlich darf, was ich nicht bin,
für alle Zeit vergehen.

Nur die Essenz, das Phönixlicht
ruht aus sich in der Sonne Kraft.
Die Asche, sie wird still bewacht,
bis Phönix sich selbst neu erschafft.

Geliebter Freund, schenk mir den Mut,
den Weg wie du zu wagen,
und mit der Sonne im Gesicht,
der Trennung zu entsagen.

Phönix' Worte an Dich

In der Liebe des Einen empfängst Du, geliebtes Kind. In der Liebe des Einen wirst Du getragen, auf dass die Tore der Angst sich sanft hinter Dir schließen können. Du gehst hinein in das Licht der Freiheit. Sie singt Dir ein Lied voller Süße und lockt Dich immer weiter und weiter. Denn Du sollst nicht stille stehen. Verweile kurz, atme, genieße und dann gehe weiter, voller Vertrauen, mit einem Lächeln des tiefen Gefühls für die allumfassende Liebe. Der Traum ist noch nah, er begleitet Dich ein Stück des Weges, dennoch erkennst Du nun immer wieder sein traumhaftes Wesen, das Dich durch den langen Weg in Dein wahres Wesen begleitete. Nur damit Du den Traum als Traum erkennst und die Realität Dich frei durchfließen kann, Dein unendliches, eines Selbst. Im Traum verfangen und dann befreit.

Aufwachen bedeutet also, sich den Schlaf aus den Augen zu reiben, den Traum abzustreifen und das zu sein, was ist. Die Feinheit der Reinigung, die nun erfolgt, ist wie das Durchdringen einer feinen Membran, die sich auflöst, als hätte sie nie existiert, außer in diesem Traum, der nun hinter Dir liegt.

Erwachen heißt auch, sich seiner selbst so bewusst zu sein, dass es außer Dir niemanden mehr gibt und geben kann, nur dieses eine Selbst, das sich in Formen ergießt, immer wieder und wieder. Wenn Du den Mut hast, mit diesem vollen Bewusstsein, einem anderen Menschen lange und tief in die Augen zu schauen, so wirst Du eine Einheit erleben, die Dein ganzes Leben verändern wird, unumkehrbar, unauslöschlich. Alle Formen lösen sich auf, um das sichtbar zu machen, was wirklich ist.

Der Weg des Erwachens hinterlässt noch nicht einmal Fußspuren, denn nicht die Form erwacht, sondern das, was sie erfüllt. Du gehst, ohne Deinen Körper zu bewegen. Du fliegst, ohne die Flügel eines Vogels zu besitzen. Du bist so frei, wie es nicht einmal der

Wind sein kann, wenn Du es erkennst. Mit diesem Bewusstsein in deiner Form, kann auch die Form nicht anders, als sich unendlich frei zu fühlen, ohne Begrenzungen, ohne Leid. Sie dient als Gefäß, sie nimmt Dich ganz auf. Dein wahres Wesen verleiht Deiner Form Ausdruck, Licht und Wahrhaftigkeit, sofern Du es vollständig erkennst.

Erwachen ist der Beginn und das Ende zugleich. Es ist das absolute Jetzt, jenseits von Zeit und Raum. Der Frieden des Moments erfüllt alles und lässt den Traum endgültig sterben. Ohne Schmerz, so erlösend und voller Freiheit. Und mit ihm stirbst auch Du, alles, was Du je meintest zu sein. Alle Hüllen und Masken, jegliche Identifikation darf endlich sterben, ohne die Illusion von Erinnerung. Du bist ein fühlendes und erfahrendes ‚Ich‘ im Raum und Du bist Dir dessen voll bewusst. Dein Mitgefühl ist grenzenlos und so wahrhaftig, weil Du selbst dazu geworden bist und es immer schon warst, in diesem Moment des Einen. Wie könntest Du ihn also nicht spüren, den Schmerz Deiner Brüder und Schwestern, die gefangen in der Illusion, ihre Sehnsucht nach Hause beweinen? Wie könntest Du ihnen nicht liebend Dein Herz öffnen, ohne es jemals wieder zu verschließen?

Erwachen bedeutet, selbst ein Wegweiser nach Hause zu werden, für die Brüder und Schwestern, deren Sehnsucht größer wird als alle Identifikation, als jede noch so lockende Illusion. Sei da für sie, sei einfach da, mit Deinem weit geöffneten Herzen. Sei ein Leuchtturm, der sein Licht bedingungslos in Richtung Unendlichkeit ausstrahlt und sich mit ihr vereint. Unendlichkeit ist Liebe ohne Form. Liebe ist das Eine, das Unteilbare.

Willkommen in der Ewigkeit!

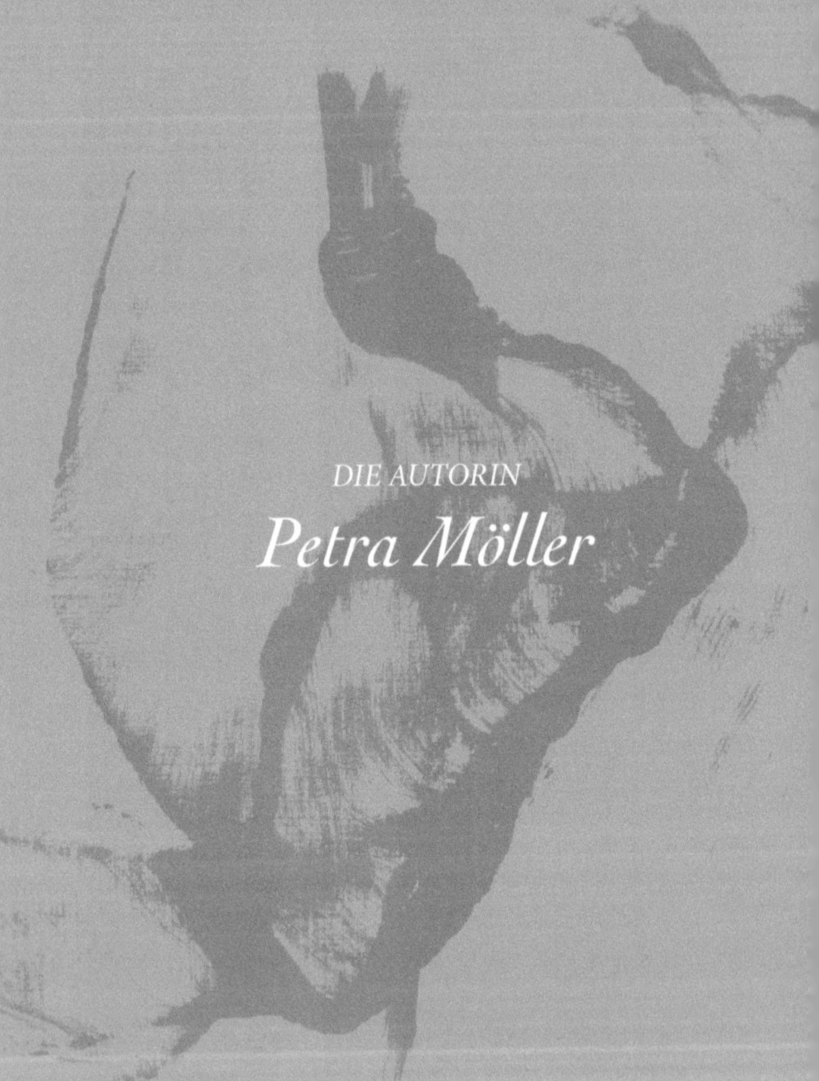

DIE AUTORIN

Petra Möller

Petra Möller

Sie, die mit Feuer getauft wurde, folgte dem Weckruf. Und so betrat sie einst den Pfad der Schlange. Geleitet von ihrer inneren Stimme ging sie ihn Schritt für Schritt. Unzählige Male starb sie inmitten der Dunkelheit, um immer wieder beim ersten Sonnenstrahl neu aufzuerstehen. Falsche Hüllen durften fallen und vergehen, während die unstillbare Sehnsucht in ihrem Herzen sie fast verbrannte. Als sie zum ersten Mal sein Lied hörte, wurde der Weg klarer, die Nebel teilten sich und die Gnade einer echten Begegnung wurde ihr zuteil. Dankbar lässt sie sich nun führen auf dem Weg, der nie begonnen hat und niemals enden kann.

Danksagung der Autorin

Ich wünschte mir sehr, dass dieses Buch eine besondere und zeitlose Herzenskreation aus Poesie und Kunst werden möge, frei von Vorgaben und dem Vermischen mit fremden Energien. Dass dieser Wunsch Wirklichkeit wurde, verdanke ich einer Zusammenarbeit im Gleichklang mit drei wunderbaren Frauen. Corina Witte-Pflanz, meine liebe Freundin, Grafikerin und Künstlerin, mit der ich nun schon so viele Jahre harmonisch zusammenarbeite. Sie erschuf das Cover und auch die gesamte Innengrafik des Buches. Weiterhin danke ich von Herzen Gabi Schmid, Lektorin mit geschultem Adlerauge und jeder Menge Power, mein Buch über tredition in die Welt zu bringen. Dann gibt es noch eine liebe Autorenkollegin und neugewonnene Herzensschwester, die meine Gedichte und Texte mit Freude und Ehrlichkeit das erste Mal Korrektur las. Danke, meine liebe Susanne Hoffmann!

Die Autorin

Petra Möller, Jahrgang 1968 aus Schwerin, ist seit 2001 freiberuflich in spiritueller Praxis tätig. Sie bietet verschiedene Formen „Medialer Begleitung" an. Schwerpunkt ist dabei ihre selbst entwickelte Methode „Conscious Clearing", einer intensiven Sitzung zur bewussten Ablösung von Fremdenergien. Ihre kreativen Fähigkeiten bringt sie in ihren Büchern sowie durch ihre Textwerkstatt „Wort-Muse" zum Ausdruck.

Das Leben konfrontierte Petra Möller schon früh mit den Themen Tod und Trauer. Auch ihr spiritueller Weg führte sie oft durch schwierige Grenzsituationen und Herausforderungen. Dies alles sieht sie heute als Weckruf zum Erwachen und sie ist dankbar für solche großartigen Wachstumschancen. In ihrer spirituellen Arbeit, aber auch in ihrer ehrenamtlichen Tätigkeit als Sterbe- und Trauerbegleiterin, dient sie mit Empathie, Erfahrungen und Kenntnissen anderen Menschen.

www.ein-blick-tiefer.de
www.wort-muse.de

Die Grafikerin & Künstlerin

Corina Witte-Pflanz, Jahrgang 1977, freiberuflich tätig als Grafikerin und Künstlerin, hat es zu ihrer Mission gemacht, in allem Schönheit zu finden und Menschen damit in Form von Werbung auf einer tiefen Ebene zu berühren. Sie gestaltet und malt alles rund um Print und Web. So beschreibt sie ihre Arbeit: „Mit meinen Kunden gehe ich auf eine Reise. Ich fungiere als Reisebegleiterin und Impulsgeberin, gemeinsam entdecken wir das Unsichtbare und verwandeln es in eine sichtbare Gestalt. Jede Reise, jeder Kunde ist einzigartig und am Ende steht immer die Einheit von Kunde und Produkt."

www.ooografik.de

Autorin & Freie Lektorin

Gabi Schmid, Jahrgang 1963, seit 2013 freiberuflich als Autorin und Lektorin tätig, hat sich zudem der Kunst des Buchsatzes zugewandt. Ihr Markenzeichen ist — gemeinsam mit Corina Witte-Pflanz — ein Buch in einer Symbiose aus Cover, Buchsatz, Titel und Inhalt zum einzigartigen Kunstwerk zu formen. Auch ihre eigenen Romane zeugen davon und erzählen mit Humor und Charme aus dem täglichen Leben.

www.pcs-books.de
www.gabriele-schmid.com
www.buechermachen.de

ISBN: 978-3-944587-35-6
Paperback
Seitenanzahl: 232
spiritbooks
Preis: 17,90 EUR

Petra Möller
Im Spiegel deiner Liebe
Eine Liebe zwischen
Diesseits und Jenseits

20 Jahre nach seinem physischen Tod, begleitet Lukas seine Frau Paula, die ihn auf hellsichtige Weise wahrnehmen kann, als geistiger Lehrer auf ihrem spirituellen Weg. Er möchte sie aus ihrer selbstgewählten Isolation befreien, sie zurück ins Leben, in ihre wahren Aufgaben führen. Paula lernt durch die Begegnungen mit verschiedenen Männern sich selbst zu erkennen, im Spiegel der Liebe. Paula stellt sich der Angst und dem Schmerz, selbst als eine Krise sie tief erschüttert. Begleitet von Lukas und ihren Freunden aus der geistigen und irdischen Welt und einem Mann, der ihr als ganz besonderer Spiegel dient, geht sie zurück in ein lebendiges Leben.

Mit einer Liebe im Herzen, die größer ist als sie selbst.

ISBN: 978-3-89060-629-3
Kartendeck + Begleitbuch
Neue Erde Verlag
Preis: 19,95 EUR

Petra Möller / Karin Steinhöfel
In Memoriam
Die Trauer leben – frei werden
für einen neuen Anfang

Das Werk umfaßt ein Set aus 24 Karten mit Begleitbuch. Die Karten präsentieren die verschiedenen Gefühle, die man durchlebt, wenn man einen geliebten Menschen verloren hat.

Der/die Trauernde wird über
drei Ebenen angesprochen:

- *Ein medial empfangenes Bild begleitet über die visuelle Wahrnehmung ins Fühlen, damit man sich öffnen kann.*

- *Angesprochen und verstärkt wird dieses Gefühl in den medial empfangenen Texten.*

- *Dazu gibt »die kleine Trauerfrau«, die durch das Begleitbuch führt, einen wohlwollenden Rat, um auch den Verstand des Trauernden anzusprechen.*

Am Ende jedes Kartentextes spricht sie einen kleinen Zaubersatz. Dieser ist einfach genug, um Trauernde in ihrem Alltag daran zu erinnern, sich selbst zu fühlen und zu leben.

ISBN: 978-3-944587-20-2
Paperback
Seiten: 212
spiritbooks
Preis: 16,90 EUR

Susanne Hoffmann

Anjou und die Burg der Spiegel

Spiritueller Roman

Eine Geschichte vom tieferen Sinn menschlichen Seins.

Eine verletzte Krähe, ein archaisches Ritual und eine blinde Spiegelscherbe: Auf der Suche nach der mysteriösen Spiegelburg dringt Anjou immer tiefer in das Reich des Schwarzen Ritters vor, dessen Einfluss die Menschheit zu vernichten droht.

Schon bald wird die Reise durch Fremdland zu einem unberechenbaren Abenteuer, bei dem am Ende nur eines zählt: der Mut, zum Wesentlichen in Leben vorzudringen und den Weg des Herzens zu gehen.

Hardcover, 36 Seiten,
Books on Demand
(ohne ISBN)
20 EUR (inkl. Versand in
Deutschland).
Leseprobe
und Bestellung unter:
www.hoffmann-spirit.de

Susanne Hoffmann

Wo mein sanfter Flügel weilt

Die sanfte Sprache der Engel und ihre heilsame und lebensbejahende Botschaft in Text und Bild machen dieses Buch zu einem tröstenden Kleinod und einem besonderen Geschenk.

FSC
www.fsc.org
MIX
Papier | Fördert
gute Waldnutzung
FSC® C083411

Zeitfracht Medien GmbH
Ferdinand-Jühlke-Straße 7
99095 Erfurt, Deutschland
produktsicherheit@kolibri360.de